금강반야바라밀경

B.U.D 山海세계명상센터 해룡일출大관음사 16나한

금강반야바라밀경

읽고 쓰는
새로운 금강경 사경노트
(뜻풀이)

無一 우학 큰스님

도서출판 좋은인연

금구성언
참된말씀
아뇩다라삼먁삼보리

세상에 있는 수많은 책들 가운데에서 우리 인생교과서로 삼을 만한 책이 있다면 금강경이라고 말하고 싶다.

세상의 복잡한 문제들을 한꺼번에 경험하던 20대 초반의 젊은 시절, 우연히 금강경과 인연을 맺게 되었다. 수억겁 잠든 영혼을 뒤흔드는 광활한 진리의 말씀에 우주 허공의 세계와 하나 되는 충격을 받고, 잠을 이룰 수가 없었다. 그 후 많은 논서를 통해 금강경의 세계를 확립하려고 정진하였다. 현재 우리가 접하고 있는 금강경은 구마라습 스님이 산스크리트어(인도 고유 고급어)를 한문으로 번역한 책이다. 전부 5천여 자(字)로 이루어져 있으며 불교사상의 핵심인 '반야(般若)를 통한 공(空)의 세계'를 극명하게 드러내고 있다. '공'이란 말을 한마디도 쓰지 않으면서 전개되는 공의 이론은 대단히 논리적이다.

불교에 있어서 반야와 공은 불가분의 관계인데, '반야'란 우주 실상의 모습을 있는 그대로 관조하는 능력이라고 볼 수 있으며, '공'이란 모든 세상이 시간적 공간적으로 모두 연기(緣起)되어 있으면서 개체 스스로는 실체가 없는 세상의 질서를 나타낸 말이라고 볼 수 있다.

그러면, 이 반야와 공은 궁극적으로 무엇을 우리에게 가르치는가? 바로 '무집착(無執着)의 자비행'이다. 금강경을 잘못 보면 자칫 염세주의, 허무주의의 소승경전이라고 착각한다. 우리는 이 경을 접하면서 늘 이 점을 경계하지 않으면 안 된다. 금강경은 대승경전이다. 자기 욕심, 자기 한계로부터의 탈출을 대자유(大自由)라고 한다. 이것이 무집착이며 무심인 것이다. 금강경은 시종일관 이 대자유를 노래하고 있다.

요즘의 사회 범죄, 노이로제, 정신 질환 등이 대부분 맹목적인 자기 집착에서 비롯된 것임을 생각하면 이 금강경은 현대를 살아가는 우리 모두에게 얼마나 중요한 경전인가 새삼 느낄 수 있을 것이다.

자기 집착을 떠난 대자유는 저절로 자비행이 될 수밖에 없다. 대자유는 모든 시간, 공간 속에 자기 자신을 한꺼번에 던져 넣는 일이기 때문이다. 즉, 부처님과 하나가 되고, 신과 하나가 되고, 모든 사람과 하나가 되고, 모든 자연과 하나가 되는 일이기 때문이다.

이 금강경은 불교 교단의 수행 방향 설정에서도 단연 독보적 위치를 점하고 있다. 불교의 종단들은 제각기 소의경전(所依經典), 즉 주로 의지할 바 경전을 채택하고 있는데 현재 우리나라에서는 조계종을 비롯한 많은 종단에서 이 금강경을 소의경전으로 채택하고 있다.

그러므로 종단의 흐름은 다분히 금강경적 분위기로 흐를 수밖에 없으며, 선종(禪宗)의 빛깔을 나타낼 수밖에 없다.

불교의 핵심은 반야인데 이 금강경은 '반야의 획득'을 강조하고 있다. 반야의 획득으로는 선수행이 적합하다고 여겨졌기 때문에 금강경과 조계종 같은 선종과는 밀접한 관계가 될 수밖에 없다. 선종의 유명한 육조(六祖) 혜능(慧能) 스님은 금강경의 한 구절에서 발심하여 그의 스승 홍인대사(弘忍大師)로부터 금강경 수업을 받기도 하였다.

우리는 이 금강경을 통해서 대자유의 세계, 깨달음의 세계를 만끽하리라고 본다. 그러므로 금강경은 인생교과서이다.

無一 우학 합장
금강경 핵심강의 머리말 중에서

金剛般若波羅蜜經
금강반야바라밀경

法會因由分 第一

如是我聞一時佛在舍衛國祇
여시아문일시불재사위국기

樹給孤獨園與大比丘衆千二
수급고독원여대비구중천이

百五十人俱爾時世尊食時着
백오십인구이시세존식시착

衣持鉢入舍衛大城乞食於其
의지발입사위대성걸식어기

城中次第乞已還至本處飯食
성중차제걸이환지본처반사

금강의 지혜로
부처님 세계에 이르는 경

법회인유분 제 일

아난인 제가 다음과 같이 들었습니다. 어느 때에 석가모니 부처님께서 사위국의 기수급고독원에 계실 적에 큰 비구 스님들 천이백오십 분도 함께 계셨습니다.

여느 때와 같이 부처님께서는 공양 드실 때가 되어감에 따라 가사를 수하시고 바루를 챙기시어 사위성으로 들어가셨습니다. 그 성안에서 차례로 탁발하시고는 다시 본 처소로 돌아오셨습니다.

공양을 다 드신 후, 바루를 거두시고 가사를 벗으시었습

訖收衣鉢洗足已敷座而坐
흘수의발세족이부좌이좌

善現起請分 第二

時長老須菩提在大衆中卽從
시장로수보리재대중중즉종

座起偏袒右肩右膝着地合掌
좌기편단우견우슬착지합장

恭敬而白佛言希有世尊如來
공경이백불언희유세존여래

善護念諸菩薩善付囑諸菩薩
선호념제보살선부촉제보살

世尊善男子善女人發阿耨多
세존선남자선여인발아뇩다

羅三藐三菩提心應云何住云
라삼먁삼보리심응운하주운

何降伏其心
하항복기심

니다. 그리고는 발을 씻으시고, 자리를 펴 앉으셨습니다.

선현기청분 제 이

이때 장로인 수보리가 대중 가운데 있다가 자리에서 일어나, 바른편 어깨 쪽 가사를 벗고 바른편 무릎을 땅에 꿇으며, 합장하고 공경스럽게 부처님께 말씀드렸습니다.

"참으로 경이롭습니다, 세존이시여. 여래께서는 보살들을 잘 생각하여 보호해 주시며, 보살들에게 잘 부탁하여 맡기십니다. 세존이시여, 선남자 선여인 즉 착한 보살들이 있어, '아뇩다라삼먁삼보리심'이라는 '부처님 세계에 들려는 마음'을 내었다면, 이들은 어떻게 생활하여야 하며, 어떻게 마음을 다스려야 하겠습니까?"

佛言善哉善哉須菩提如汝所
불언선재선재수보리여여소

說如來善護念諸菩薩善付囑
설여래선호념제보살선부촉

諸菩薩汝今諦聽當爲汝說善
제보살여금제청당위여설선

男子善女人發阿耨多羅三藐
남자선여인발아뇩다라삼먁

三菩提心應如是住如是降伏
삼보리심응여시주여시항복

其心唯然世尊願樂欲聞
기심유연세존원요욕문

大乘正宗分 第三

佛告須菩提
불고수보리

부처님께서 말씀하셨습니다.

"오, 그래 그래 착하구나. 수보리야, 너의 말과 같이 여래께서는 보살들을 잘 생각하여 보호해 주시며, 보살들에게 잘 부탁하여 맡기신단다. 자세히 들으라. 너의 묻는 말에 답해 주리라. 선남자 선여인 즉 착한 보살들이 있어, '아뇩다라삼먁삼보리심'이라는 '부처님 세계에 들려는 마음'을 내었다면, 다음과 같이 생활하며 다음과 같이 마음을 다스려야 하느니라."

"예 알겠습니다, 세존이시여. 기꺼이 듣고자 하옵니다."

대승정종분 제 삼

부처님께서 수보리에게 이르시었습니다.

諸菩薩摩訶薩應如是降伏其
제보살마하살응여시항복기

心所有一切衆生之類若卵生
심소유일체중생지류약난생

若胎生若濕生若化生若有色
약태생약습생약화생약유색

若無色若有想若無想若非有
약무색약유상약무상약비유

想非無想我皆令入無餘涅槃
상비무상아개영입무여열반

而滅度之如是滅度無量無數
이멸도지여시멸도무량무수

無邊衆生實無衆生得滅度者
무변중생실무중생득멸도자

何以故須菩提若菩薩有我相
하이고수보리약보살유아상

人相
인상

"대보살들은 반드시 다음과 같이 마음을 다스려야 하느니라. '이 세상의 온갖 생명체들, 이를테면 알에서 태어났거나, 태에서 태어났거나, 습기에서 태어났거나, 갑자기 변화하여 태어났거나, 하늘나라의 색계·무색계에 태어났거나, 무색계 하늘 중 유상천·무상천·비유상비무상천에 태어났거나, 모두 내가 저 영원한 부처님 세계에 들도록 인도하리라'라고 서원 세우라. 이와 같이 헤아릴 수 없는 생명체들을 부처님 세계로 인도하지만, 실지로는 인도를 받은 중생이 없느니라. 왜냐하면 수보리야, 만약에 보살이 자기가 제일이라는 모습, 즉 아상이 있다거나, 나와 남을 나누어서 보는 모습, 즉 인상이 있다거나, 재미있

衆生相壽者相卽非菩薩
중생상수자상즉비보살

妙行無住分 第四

復次須菩提菩薩於法應無所
부차수보리보살어법응무소

住行於布施所謂不住色布施
주행어보시소위부주색보시

不住聲香味觸法布施須菩提
부주성향미촉법보시수보리

菩薩應如是布施不住於相何
보살응여시보시부주어상하

以故若菩薩不住相布施其福
이고약보살부주상보시기복

德不可思量
덕불가사량

고 호감 가는 것만 본능적으로 취하는 모습, 즉 중생상이 있다거나, 영원한 수명을 누려야지 하는 모습, 즉 수자상이 있다면, 이는 보살이 아니기 때문이니라."

묘행무주분 제 사

"또한 수보리야, 보살은 반드시 대상에 매이지 말고 보시를 해야 하느니라. 이른바 형색·소리·냄새·맛·닿임·생각의 대상을 떠나서 보시할지니라.

수보리야, 보살은 반드시 이와 같이 보시하면서, '내가 보시를 한다'라는 생각도 내지 말아야 하느니라. 왜냐하면 만약에 보살이 '내가 보시를 한다'라는 생각 없이 보시를 하면, 그 복덕이 헤아릴 수 없이 크기 때문이니라. 수보리

須菩提於意云何東方虛空可
수보리어의운하동방허공가

思量不不也世尊須菩提南西
사량부불야세존수보리남서

北方四維上下虛空可思量不
북방사유상하허공가사량부

不也世尊須菩提菩薩無住相
불야세존수보리보살무주상

布施福德亦復如是不可思量
보시복덕역부여시불가사량

須菩提菩薩但應如所教住
수보리보살단응여소교주

야, 어떻게 생각하느냐? 동쪽 허공의 크기를 생각으로 헤아릴 수 있겠느냐?"

"헤아릴 수 없습니다, 세존이시여."

"수보리야, 남·서·북·남서·남동·북서·북동·상·하, 각각에 이르는 허공의 크기를 생각으로 헤아릴 수 있겠느냐?"

"헤아릴 수 없습니다, 세존이시여."

"수보리야, 보살이 '내가 한다'라는 생각 없이 보시한 복덕도 이처럼 엄청나서, 생각으로 헤아릴 수 없느니라. 수보리야, 보살은 반드시 이와 같이 가르쳐 준 대로만 마음을 내고, 생활할지니라."

여리실견분 제 오

如理實見分 第五

須菩提於意云何可以身相見
수보리어의운하가이신상견

如來不不也世尊不可以身相
여래부불야세존불가이신상

得見如來何以故如來所說身
득견여래하이고여래소설신

相卽非身相佛告須菩提凡所
상즉비신상불고수보리범소

有相皆是虛妄若見諸相非相
유상개시허망약견제상비상

卽見如來
즉견여래

"수보리야, 어떻게 생각하느냐? 몸의 형색으로 '참 부처님'을 볼 수 있다고 생각하느냐?"

"볼 수 없습니다, 세존이시여. 몸의 형색으로는 '참 부처님'을 볼 수 없습니다. 왜냐하면 부처님께서 말씀하신 '몸의 형색'은 곧 몸의 형색이 아니기 때문입니다."

부처님께서 수보리에게 이르시었습니다.

"존재하고 있는 모든 정신적, 물질적인 것은 실체가 없고 끊임없이 변하는 것이니, 만일 이와 같은 줄을 알면 '참 부처님'을 보리라."

正信希有分 第六

須菩提白佛言世尊頗有衆生
수보리백불언세존파유중생

得聞如是言說章句生實信不
득문여시언설장구생실신부

佛告須菩提莫作是說如來滅
불고수보리막작시설여래멸

後後五百歲有持戒修福者於
후후오백세유지계수복자어

此章句能生信心以此爲實當
차장구능생신심이차위실당

知是人不於一佛二佛三四五
지시인불어일불이불삼사오

佛而種善根已於無量千萬佛
불이종선근이어무량천만불

정신희유분 제 육

수보리가 부처님께 사뢰었습니다.

"세존이시여, 중생들이 이와 같이 설하신 말씀의 구절들을 귀담아듣고, 실지로 믿음을 내겠습니까?"

부처님께서 수보리에게 이르시었습니다.

"그런 말 하지 말아라. 내가 육신의 몸을 버리고 진리의 세계로 든 뒤 이천오백 년 후에라도, 계를 지니고 복을 닦는 자가 있으면, 이 구절 말씀에 능히 믿는 마음을 내어 이를 진실한 것으로 여기리라. 마땅히 알아라. 이 사람은 한 부처님이나 두 부처님이나 셋, 넷, 다섯 부처님께만 선근을 심은 것이 아니라, 한량없는 천만 억 부처님께 여러 선근

所種諸善根聞是章句乃至一
소종제선근문시장구내지일

念生淨信者須菩提如來悉知
념생정신자수보리여래실지

悉見是諸衆生得如是無量福
실견시제중생득여시무량복

德何以故是諸衆生無復我相
덕하이고시제중생무부아상

人相衆生相壽者相無法相亦
인상중생상수자상무법상역

無非法相何以故是諸衆生若
무비법상하이고시제중생약

心取相卽爲着我人衆生
심취상즉위착아인중생

을 심은 바, 이 구절 말씀을 듣거나 내지는 한 생각만으로도 깨끗한 믿음을 내느니라.

수보리야, 여래께서는 이러한 중생들이 이와 같은 한량없는 복덕을 얻는다는 것을 다 아시고, 다 보시느니라. 왜냐하면 이 중생들은 다시는 자기가 제일이라는 모습, 즉 아상이 없으며, 나와 남을 나누어 보는 모습, 즉 인상이 없으며, 재미있고 호감 가는 것만을 본능적으로 취하는 모습, 즉 중생상이 없으며, 영원한 수명을 누려야지 하는 모습, 즉 수자상이 없고, 객관의 대상, 즉 법상도 없으며, 객관의 대상이 아닌 모습, 즉 비법상도 없느니라. 왜냐하면 만약 중생들이 마음에 상을 취하면, 곧 아상·인상·중생상·

壽者若取法相卽着我人衆生
수자약취법상즉착아인중생

壽者何以故若取非法相卽着
수자하이고약취비법상즉착

我人衆生壽者是故不應取法
아인중생수자시고불응취법

不應取非法以是義故如來常
불응취비법이시의고여래상

說汝等比丘知我說法如筏喻
설여등비구지아설법여벌유

者法尙應捨何況非法
자법상응사하황비법

수자상을 가지는 것이 되기 때문이니라. 만약에 법상을 취하더라도, 곧 아상·인상·중생상·수자상을 가지는 것이 되느니라. 왜냐하면 만약 비법상을 취하기만 해도, 이는 곧 아상·인상·중생상·수자상을 가지는 것이 되기 때문이니라. 그러한 까닭으로 마땅히 객관의 대상, 즉 법상을 취하지 말아야 하며, 객관의 대상이 아닌 모습, 즉 비법상도 취하지 말아야 하느니라. 이와 같은 이유로 내가 너희들 비구에게 항상 설하되, '나의 설법을 뗏목에 비유했다는 것을 알아라'라고 하였느니라. 법도 버려야 하는데, 하물며 비법에 매여서 되겠느냐!"

무득무설분 제 칠

無得無說分 第七

須菩提於意云何如來得阿耨
수보리어의운하여래득아뇩

多羅三藐三菩提耶如來有所
다라삼먁삼보리야여래유소

說法耶須菩提言如我解佛所
설법야수보리언여아해불소

說義無有定法名阿耨多羅三
설의무유정법명아뇩다라삼

藐三菩提亦無有定法如來可
먁삼보리역무유정법여래가

說何以故如來所說法皆不可
설하이고여래소설법개불가

取不可說非法非非法所以者
취불가설비법비비법소이자

何
하

"수보리야, 어떻게 생각하느냐? 여래께서 아뇩다라삼먁삼보리, 즉 부처님 세계를 얻었다고 생각하느냐? 여래께서 설하신 법이 있다고 생각하느냐?"

수보리가 대답하였습니다.

"제가 부처님께서 설하신 말씀의 뜻을 이해하기로는, 아뇩다라삼먁삼보리 즉 '부처님 세계'라고 이름할 만한 일정한 법이 없으며, '여래께서 설하셨다'라고 할 만한 일정한 법도 또한 없습니다. 왜냐하면 여래께서 설하신 법은 다 취할 수도 없고, 다 말할 수도 없으며, 법도 아니고 법 아님도 아니기 때문입니다. 어떤 연유인고 하면, 그것은

一切賢聖皆以無爲法而有差
일체현성개이무위법이유차

別
별

依法出生分 第八

須菩提於意云何若人滿三千
수보리어의운하약인만삼천

大千世界七寶以用布施是人
대천세계칠보이용보시시인

所得福德寧爲多不須菩提言
소득복덕영위다부수보리언

甚多世尊何以故是福德卽非
심다세존하이고시복덕즉비

福德性是故如來說福德多
복덕성시고여래설복덕다

모든 현인이나 성인들이 다 '근본 자리에서 쓰는 무위법' 가운데 여러 가지 차별이 있는 까닭입니다."

의법출생분 제 팔

"수보리야, 어떻게 생각하느냐? 만약 어떤 사람이 삼천대천세계에 일곱 가지 종류의 보물, 즉 칠보를 가득히 쌓아서 보시한다면, 이 사람의 지은 바 복덕이 많지 않겠느냐?"

수보리가 대답하였습니다.

"대단히 많겠습니다, 세존이시여. 왜냐하면 이 복덕은 참다운 복덕의 성질이 아닌 까닭에 여래께서 '복덕이 많다'라고 하셨기 때문입니다."

若復有人於此經中受持乃至
약부유인어차경중수지내지

四句偈等爲他人說其福勝彼
사구게등위타인설기복승피

何以故須菩提一切諸佛及諸
하이고수보리일체제불급제

佛阿耨多羅三藐三菩提法皆
불아뇩다라삼먁삼보리법개

從此經出須菩提所謂佛法者
종차경출수보리소위불법자

卽非佛法
즉비불법

一相無相分 第九

須菩提於意云何須陀洹能作
수보리어의운하수다원능작

是念我得須陀洹果不須菩提
시념아득수다원과부수보리

言
언

"만약에 또 어떤 사람이 있어, 이 경 가운데서 받아 지니거나, 혹은 네 구절의 게송 등을 다른 사람에게 설하여 주면, 그 복덕은 저 일곱 가지 보물로 보시한 복덕보다 더 수승하리라. 왜냐하면 일체의 모든 부처님과 모든 부처님의 아뇩다라삼먁삼보리법이 모두 이 경에서 나왔기 때문이니라. 수보리야, 이른바 '부처님 법'이라는 것은 곧 부처님 법이 아니니라."

일상무상분 제 구

"수보리야, 어떻게 생각하느냐? 수다원이 능히 '내가 수다원과를 얻었다'라는 생각을 짓겠느냐?"
수보리가 대답하였습니다.

不也世尊何以故須陀洹名爲
불야세존하이고수다원명위

入流而無所入不入色聲香味
입류이무소입불입색성향미

觸法是名須陀洹須菩提於意
촉법시명수다원수보리어의

云何斯陀含能作是念我得斯
운하사다함능작시념아득사

陀含果不須菩提言不也世尊
다함과부수보리언불야세존

何以故斯陀含名一往來而實
하이고사다함명일왕래이실

無往來是名斯陀含
무왕래시명사다함

"그러한 생각을 짓지 않습니다, 세존이시여. 왜냐하면 수다원은 '성인의 류에 든다'라는 말이오나, 실지로는 들어간 바가 없기 때문입니다. 형색·소리·냄새·맛·닿임·생각의 대상에 물들지 아니한 까닭에, 그 이름을 '수다원'이라 할 뿐입니다."

"수보리야, 어떻게 생각하느냐? 사다함이 능히 '내가 사다함과를 얻었다'라는 생각을 짓겠느냐?"

수보리가 대답하였습니다.

"그러한 생각을 짓지 않습니다, 세존이시여. 왜냐하면 사다함은 '한번 갔다 온다'라는 말이오나, 실지로는 가고 옴이 없는 까닭에, 그 이름을 '사다함'이라 할 뿐이기 때문

須菩提於意云何阿那含能作
수보리어의운하아나함능작

是念我得阿那含果不須菩提
시념아득아나함과부수보리

言不也世尊何以故阿那含名
언불야세존하이고아나함명

爲不來而實無不來是故名阿
위불래이실무불래시고명아

那含須菩提於意云何阿羅漢
나함수보리어의운하아라한

能作是念我得阿羅漢道不須
능작시념아득아라한도부수

菩提言
보리언

입니다."

"수보리야, 어떻게 생각하느냐? 아나함이 능히 '내가 아나함과를 얻었다'라는 생각을 짓겠느냐?"

수보리가 대답하였습니다.

"그러한 생각을 짓지 않습니다, 세존이시여. 왜냐하면 아나함은 '갔다 오지 않는다'라는 말이오나, 실지로는 오지 않음이 없는 까닭에, 그 이름을 '아나함'이라 할 뿐이기 때문입니다."

"수보리야, 어떻게 생각하느냐? 아라한이 능히 '내가 아라한과를 얻었다'라는 생각을 짓겠느냐?"

수보리가 대답하였습니다.

不也世尊何以故實無有法名
불야세존하이고실무유법명
阿羅漢世尊若阿羅漢作是念
아라한세존약아라한작시념
我得阿羅漢道卽爲着我人衆
아득아라한도즉위착아인중
生壽者世尊佛說我得無諍三
생수자세존불설아득무쟁삼
昧人中最爲第一是第一離欲
매인중최위제일시제일이욕
阿羅漢世尊我不作是念我是
아라한세존아부작시념아시
離欲阿羅漢世尊我若作是念
이욕아라한세존아약작시념
我得阿羅漢道
아득아라한도

"그러한 생각을 짓지 않습니다, 세존이시여. 왜냐하면 실지로는 법이 있지 않은 까닭에, 그 이름을 '아라한'이라 할 뿐이기 때문입니다. 세존이시여, 만약 아라한이 이와 같이 생각을 짓되, '내가 아라한과를 얻었다'라고 한다면, 이는 곧 아상·인상·중생상·수자상에 걸리는 것이 됩니다. 세존이시여, 부처님께서 설하시되, 제가 '번뇌와의 다툼을 여읜 삼매'를 얻은 사람 가운데에서 가장 제일이라고 하셨습니다. 이는 '욕심을 떠난 아라한 가운데 제일'이라는 말씀입니다. 하오나 세존이시여, 저는 '내가 욕심을 떠난 아라한이다'라는 생각을 짓지 않습니다. 세존이시여, 제가 만약에 '아라한도를 얻었다'라는 생각을 지었

世尊卽不說須菩提是樂阿蘭
세존즉불설수보리시요아란
那行者以須菩提實無所行而
나행자이수보리실무소행이
名須菩提是樂阿蘭那行
명수보리시요아란나행

莊嚴淨土分 第十

佛告須菩提於意云何如來昔
불고수보리어의운하여래석
在燃燈佛所於法有所得不不
재연등불소어법유소득부불
也世尊如來在燃燈佛所於法
야세존여래재연등불소어법
實無所得須菩提於意云何菩
실무소득수보리어의운하보
薩莊嚴佛土不
살장엄불토부

다면, 세존께서 '수보리는 아란나행을 좋아하는 자'라고 말씀하지 않으셨을 것입니다. 실은 제가 그러지 않았으므로, '수보리는 아란나행을 좋아한다'라고 하셨습니다."

장엄정토분 제 십

부처님께서 이르시었습니다.

"수보리야, 어떻게 생각하느냐? 여래가 옛적에 연등 부처님 처소에서 법을 얻은 바가 있다고 생각하느냐?"

"아닙니다, 세존이시여. 여래께서 연등 부처님 처소에 계실 적에, 실지로 법을 얻으신 바가 없습니다."

"수보리야, 어떻게 생각하느냐? 보살이 '불국토를 장엄한다'라는 생각을 하겠느냐?"

不也世尊何以故莊嚴佛土者
불야세존하이고장엄불토자

即非莊嚴是名莊嚴是故須菩
즉비장엄시명장엄시고수보

提諸菩薩摩訶薩應如是生淸
리제보살마하살응여시생청

淨心不應住色生心不應住聲
정심불응주색생심불응주성

香味觸法生心應無所住而生
향미촉법생심응무소주이생

其心須菩提譬如有人身如須
기심수보리비여유인신여수

彌山王於意云何是身爲大不
미산왕어의운하시신위대부

"아닙니다, 세존이시여. 왜냐하면 '불국토를 장엄한다'라는 것은 곧 장엄이 아니라, 그 이름이 '장엄'이기 때문입니다."

"그러한 까닭으로 수보리야, 모든 대보살들은 반드시 다음과 같이 청정한 마음을 내어야 하느니라. 즉, 형색에 머물러서 마음을 내지 말고, 소리·냄새·맛·닿임·생각의 대상에 머물러서 마음을 내지도 말아야 하나니, 마땅히 아무 데도 집착하는 바 없이 그 마음을 낼지니라.

수보리야, 비유컨대 어떤 사람이 있어 그 사람의 몸이 '수미산왕만 하다'라고 한다면, 어떻게 생각하느냐? 그 몸이 '크다'라고 하겠느냐?"

須菩提言甚大世尊何以故佛
수보리언심대세존하이고불

說非身是名大身
설비신시명대신

無爲福勝分 第十一

須菩提如恒河中所有沙數如
수보리여항하중소유사수여

是沙等恒河於意云何是諸恒
시사등항하어의운하시제항

河沙寧爲多不須菩提言甚多
하사영위다부수보리언심다

世尊但諸恒河尙多無數何況
세존단제항하상다무수하황

其沙
기사

수보리가 대답하였습니다.

" '대단히 크다'라고 하겠습니다, 세존이시여. 왜냐하면 부처님께서는 '참다운 진리적 몸이 아닌 몸'을 말씀하시므로, 이를 '큰 몸'이라 이름하신 것이기 때문입니다."

무위복승분 제 십일

"수보리야, 갠지스강에 있는 모래의 숫자만큼 수많은 갠지스강들이 있다면, 어떻게 생각하느냐? 이 모든 갠지스강들에 있어서 그 모래들의 숫자가 많지 않겠느냐?"

수보리가 대답하였습니다.

"대단히 많겠습니다, 세존이시여. 그 강들의 숫자만 하더라도 무수히 많을 텐데, 그 모든 강들에 있는 모래의 수이

須菩提我今實言告汝若有善
수보리아금실언고여약유선

男子善女人以七寶滿爾所恒
남자선여인이칠보만이소항

河沙數三千大千世界以用布
하사수삼천대천세계이용보

施得福多不須菩提言甚多世
시득복다부수보리언심다세

尊佛告須菩提若善男子善女
존불고수보리약선남자선여

人於此經中乃至受持四句偈
인어차경중내지수지사구게

等爲他人說
등위타인설

겠습니까?"

"수보리야, 내가 지금 진실로 말하노니, 만약에 어떤 선남자 선여인 즉 착한 보살이 있어서, 일곱 가지 종류의 보물, 즉 칠보를 그 무수한 강들의 모래 수만큼 많은 삼천대천 세계에 가득히 채워서 보시한다면, 그 복덕이 많지 않겠느냐?"

수보리가 대답하였습니다.

"대단히 많겠습니다, 세존이시여."

부처님께서 수보리에게 이르시었습니다.

"만약 어떤 선남자 선여인이 이 경의 전체 가운데서나 내지는 받아 지닌 네 구절의 게송 등을 다른 사람을 위해 설

而此福德勝前福德
이 차 복 덕 승 전 복 덕

尊重正敎分 第十二

復次須菩提隨說是經乃至四
부 차 수 보 리 수 설 시 경 내 지 사

句偈等當知此處一切世間天
구 게 등 당 지 차 처 일 체 세 간 천

人阿修羅皆應供養如佛塔廟
인 아 수 라 개 응 공 양 여 불 탑 묘

何況有人盡能受持讀誦須菩
하 황 유 인 진 능 수 지 독 송 수 보

提當知是人成就最上第一希
리 당 지 시 인 성 취 최 상 제 일 희

有之法若是經典所在之處卽
유 지 법 약 시 경 전 소 재 지 처 즉

爲有佛若尊重弟子
위 유 불 약 존 중 제 자

하여 주면, 이 복덕은 앞에서의 칠보를 보시한 복덕보다 훨씬 더 수승하리라."

존중정교분 제 십이

"또한 수보리야, 어디서나 이 경 전체 내지는 네 구절의 게송 등을 설한다면, 마땅히 알아라. 이곳은 온 세계의 하늘사람·인간·아수라들이 모두 응당 공양하기를 부처님의 탑에 공양하듯 할 것이어늘, 하물며 어떤 사람이 끝까지 경을 받아 지니며, 읽고 외우는 것에 있어서랴?

수보리야, 마땅히 알아라. 이 사람은 가장 높고 제일 가는 거룩한 법을 성취할 것이니, 만약 이 경전이 있는 곳은 곧 부처님과 훌륭한 제자가 계신 곳이 되느니라."

如法受持分 第十三

여법수지분 제 십삼

爾時須菩提白佛言世尊當何
이시수보리백불언세존당하

名此經我等云何奉持佛告須
명차경아등운하봉지불고수

菩提是經名爲金剛般若波羅
보리시경명위금강반야바라

蜜以是名字汝當奉持所以者
밀이시명자여당봉지소이자

何須菩提佛說般若波羅蜜卽
하수보리불설반야바라밀즉

非般若波羅蜜是名般若波羅
비반야바라밀시명반야바라

蜜須菩提於意云何如來有所
밀수보리어의운하여래유소

說法不
설법부

그때 수보리가 부처님께 사뢰었습니다.

"세존이시여, 이 경의 이름을 마땅히 무엇이라 하며, 우리들이 어떻게 받들어 지녀야 하겠습니까?"

부처님께서 수보리에게 이르시었습니다.

"이 경의 이름은 '금강반야바라밀경'이니, 반드시 이 이름의 글자 그대로 받들어 지닐지니라. 어떤 연유인고 하면 수보리야, 부처님께서 설하신 '반야바라밀'은 반야바라밀이 아니라 그 이름이 '반야바라밀'인 까닭이니라. 수보리야, 어떻게 생각하느냐? 여래께서 설하신 바 법이 있겠느냐?"

須菩提白佛言世尊如來無所
수보리백불언세존여래무소
說須菩提於意云何三千大千
설수보리어의운하삼천대천
世界所有微塵是爲多不須菩
세계소유미진시위다부수보
提言甚多世尊須菩提諸微塵
리언심다세존수보리제미진
如來說非微塵是名微塵如來
여래설비미진시명미진여래
說世界非世界是名世界須菩
설세계비세계시명세계수보
提於意云何可以三十二相見
리어의운하가이삼십이상견
如來不
여래부

수보리가 부처님께 사뢰었습니다.

"세존이시여, 여래께서 설하신 바 법이 없습니다."

"수보리야, 어떻게 생각하느냐? 삼천대천세계에 있는 바 티끌을 많다고 하겠느냐?"

수보리가 대답하였습니다.

"대단히 많겠습니다, 세존이시여."

"수보리야, 모든 '티끌'은 여래께서 설하시되, 티끌이 아니라 그 이름이 '티끌'이라 하시었느니라. 여래께서 설하시되, '세계'도 세계가 아니라 그 이름이 '세계'라 하셨느니라. 수보리야, 어떻게 생각하느냐? 32상의 형상으로써 '참 부처님'을 볼 수 있겠느냐?"

不也世尊不可以三十二相得
불야세존불가이삼십이상득

見如來何以故如來說三十二
견여래하이고여래설삼십이

相卽是非相是名三十二相須
상즉시비상시명삼십이상수

菩提若有善男子善女人以恒
보리약유선남자선여인이항

河沙等身命布施若復有人於
하사등신명보시약부유인어

此經中乃至受持四句偈等爲
차경중내지수지사구게등위

他人說其福甚多
타인설기복심다

"볼 수 없습니다, 세존이시여. 32상의 형상으로는 '참 부처님'을 볼 수 없습니다. 왜냐하면 여래께서 설하시되, '32상의 형상은 상이 아니라 그 이름이 32상이다'라고 하셨기 때문입니다."

"수보리야, 만약에 어떤 선남자 선여인 즉 착한 보살이 있어, 저 갠지스강 모래의 숫자만큼이나 많은 몸과 목숨으로써 보시를 하여도, 만일 또 어떤 사람이 있어서, 이 경 전체 가운데서나 내지는 받아 지닌 네 구절의 게송 등을 다른 사람을 위해 설하여 주면, 그 복이 훨씬 더 많으리라."

離相寂滅分 第十四

爾時須菩提聞說是經深解義
이시수보리문설시경심해의
趣涕淚悲泣而白佛言希有世
취체루비읍이백불언희유세
尊佛說如是甚深經典我從昔
존불설여시심심경전아종석
來所得慧眼未曾得聞如是之
래소득혜안미증득문여시지
經世尊若復有人得聞是經信
경세존약부유인득문시경신
心清淨卽生實相當知是人成
심청정즉생실상당지시인성
就第一希有功德世尊是實相
취제일희유공덕세존시실상

이상적멸분 제 십사

그때 수보리가 금강경 설하시는 것을 듣고, 깊이 그 뜻을 이해하고 감격하여 흐느껴 울면서 부처님께 사뢰었습니다. "참으로 경이롭습니다, 세존이시여. 부처님께서 이렇게 뜻이 깊고 깊은 경전을 설하시는 것은 제가 지금까지 얻은 바 지혜의 눈으로써는 일찍이 이와 같은 경을 들어 보지 못하였습니다. 세존이시여, 만약에 또 어떤 사람이 있어 이 경의 말씀을 귀담아듣고, 믿는 마음이 청정하면, 우주 인생의 참다운 모습, 즉 실상을 깨닫게 될 것이니, 마땅히 이 사람은 이 세상에서 가장 경이로운 공덕을 성취하게 될 것임을 알겠습니다. 세존이시여, 이 '실상'이라는

者卽是非相是故如來說名實
자즉시비상시고여래설명실

相世尊我今得聞如是經典信
상세존아금득문여시경전신

解受持不足爲難若當來世後
해수지부족위난약당내세후

五百歲其有衆生得聞是經信
오백세기유중생득문시경신

解受持是人卽爲第一希有何
해수지시인즉위제일희유하

以故此人無我相無人相無衆
이고차인무아상무인상무중

生相無壽者相所以者何我相
생상무수자상소이자하아상

卽是非相人相衆生相壽者相
즉시비상인상중생상수자상

卽是非相何以故離一切諸相
즉시비상하이고이일체제상

것은 곧 상이 아닙니다. 그러한 까닭으로 여래께서 설하시되, 그 이름이 '실상'이라고 하셨습니다.

세존이시여, 제가 지금에 이 경의 말씀을 귀담아듣고, 믿고 이해하여 받아 지니는 것은 어렵지 않습니다. 하지만 만약 장차 다가올 이천오백 년 후의 세상에서 그 어떤 중생이 있어, 이 경을 귀담아듣고서 믿고 이해하여 받아 지닌다면, 이 사람의 행위는 이 세상에서 가장 경이로운 일이 되겠습니다. 왜냐하면 이 사람은 아상·인상·중생상·수자상이 없기 때문입니다. 어떤 연유인고 하면, 아상은 곧 상이 아니요, 인상·중생상·수자상도 곧 상이 아닌 까닭입니다. 왜냐하면 일체의 모든 상에서 벗어나

卽名諸佛佛告須菩提如是如
즉명제불불고수보리여시여

是若復有人得聞是經不驚不
시약부유인득문시경불경불

怖不畏當知是人甚爲希有何
포불외당지시인심위희유하

以故須菩提如來說第一波羅
이고수보리여래설제일바라

蜜卽非第一波羅蜜是名第一
밀즉비제일바라밀시명제일

波羅蜜須菩提忍辱波羅蜜如
바라밀수보리인욕바라밀여

來說非忍辱波羅蜜是名忍辱
래설비인욕바라밀시명인욕

波羅蜜何以故須菩提如我昔
바라밀하이고수보리여아석

爲歌利王割截身體我於爾時
위가리왕할절신체아어이시

야, 곧 '부처님 경지'라고 이름하기 때문입니다."

부처님께서 수보리에게 이르시었습니다.

"그러하니라, 그러하니라. 만약에 또 어떤 사람이 있어, 이 경을 귀담아듣고서 놀라지도 않고, 겁내지도 않으며, 두려워하지도 않는다면, 이 사람은 참으로 경이로운 사람임을 알아야 하느니라. 왜냐하면 수보리야, 여래께서 설하신 '제일바라밀'은 제일바라밀이 아니라 그 이름이 '제일바라밀'이기 때문이니라. 수보리야, '인욕바라밀'도 여래께서 설하시되, 인욕바라밀이 아니라 그 이름이 '인욕바라밀'이라고 하셨느니라. 왜냐하면 수보리야, 내가 옛날 가리왕에게 몸을 베이고 잘리고 할 그때에도 나에게는 아

無我相無人相無眾生相無壽
무아상무인상무중생상무수
者相何以故我於往昔節節支
자상하이고아어왕석절절지
解時若有我相人相眾生相壽
해시약유아상인상중생상수
者相應生瞋恨須菩提又念過
자상응생진한수보리우념과
去於五百世作忍辱仙人於爾
거어오백세작인욕선인어이
所世無我相無人相無眾生相
소세무아상무인상무중생상
無壽者相是故須菩提菩薩應
무수자상시고수보리보살응
離一切相發阿耨多羅三藐三
리일체상발아뇩다라삼먁삼
菩提心不應住色生心不應住
보리심불응주색생심불응주
聲香味觸法
성향미촉법

상이 없었으며, 인상도 없었고, 중생상도 없었고, 수자상도 없었기 때문이니라. 왜냐하면 내가 지난 그때에 마디마디와 사지가 찢길 때, 만약 아상이나 인상·중생상·수자상이 있었더라면, 응당 성내고 원망하는 마음을 내었을 것이기 때문이니라. 수보리야, 또 저 옛날 오백세에 욕됨을 참는 신선이었던 때를 생각하니, 그 세상에서도 아상·인상·중생상·수자상이 없었느니라.

그러한 까닭으로 수보리야, 보살은 마땅히 일체의 상을 떠나서 '아뇩다라삼먁삼보리, 즉 부처님 세계에 들겠다'라는 마음을 내어야 하느니라. 마땅히 형색에 머물러 마음을 내지 말며, 소리·냄새·맛·닿임·생각의 대상에

生心應生無所住心若心有住
생심응생무소주심약심유주
卽爲非住是故佛說菩薩心不
즉위비주시고불설보살심불
應住色布施須菩提菩薩爲利
응주색보시수보리보살위이
益一切衆生應如是布施如來
익일체중생응여시보시여래
說一切諸相卽是非相又說一
설일체제상즉시비상우설일
切衆生卽非衆生須菩提如來
체중생즉비중생수보리여래
是眞語者實語者如語者
시진어자실어자여어자

머물러 마음을 내지 말지니라. 마땅히 머무름이 없는 마음을 내어야 하느니라. 만약에 마음에 머무름이 있다면 곧 머무름이 아니니라. 그러한 까닭으로 부처님께서 설하시되, '보살은 마음을 형색에 머물러서 보시를 하지 않는다'라고 하셨느니라. 수보리야, 보살은 일체중생을 이익되게 하기 위하여 마땅히 이와 같이 보시를 해야 하느니라. 여래께서 설하시되, '일체의 모든 상은 곧 상이 아니다'라고 하셨으며, 또 말씀하시기를 '일체중생은 곧 중생이 아니다'라고 하셨느니라.

수보리야, 여래는 '참된 말'을 하시는 분이며, '실다운 말'을 하시는 분이며, '있는 그대로의 말'을 하시는 분이

不誑語者不異語者須菩提如
불광어자불이어자수보리여

來所得法此法無實無虛須菩
래소득법차법무실무허수보

提若菩薩心住於法而行布施
리약보살심주어법이행보시

如人入闇卽無所見若菩薩心
여인입암즉무소견약보살심

不住法而行布施如人有目日
부주법이행보시여인유목일

光明照見種種色須菩提當來
광명조견종종색수보리당래

之世若有善男子善女人能於
지세약유선남자선여인능어

此經受持讀誦卽爲如來以佛
차경수지독송즉위여래이불

智慧悉知是人悉見是人
지혜실지시인실견시인

며, '속이지 않는 말'을 하시는 분이며, '다르지 않은 말'을 하시는 분이니라. 수보리야, 여래께서 얻으신 이 법은 실다움도 없고, 헛됨도 없느니라.

수보리야, 만약 보살이 마음을 법에 머물러 보시를 하면, 사람이 어둠 속으로 들어가서 그 무엇도 볼 수가 없는 것과 같으니라. 만약 보살이 마음을 법에 머무르지 않고 보시를 하면, 사람에게 눈이 있고 빛이 있어 여러 가지 모양을 보는 것과 같으니라.

수보리야, 장차 다가올 그 세상에 만일 선남자 선여인, 즉 착한 보살이 있어서, 능히 이 경을 받아 지니며 읽고 외우면, 곧 여래께서 부처님 지혜로써 이 사람들을 다 아시고,

皆得成就無量無邊功德
개득성취무량무변공덕

持經功德分 第十五

須菩提若有善男子善女人初
수보리약유선남자선여인초

日分以恒河沙等身布施中日
일분이항하사등신보시중일

分復以恒河沙等身布施後日
분부이항하사등신보시후일

分亦以恒河沙等身布施如是
분역이항하사등신보시여시

無量百千萬億劫以身布施若
무량백천만억겁이신보시약

復有人聞此經典信心不逆其
부유인문차경전신심불역기

福勝彼
복승피

이 사람들을 다 보셔서, 모두가 한량없고 끝이 없는 공덕을 성취케 하시느니라."

지경공덕분 제 십오

"수보리야, 만약에 선남자 선여인, 즉 착한 보살들이 있어서, 아침에 갠지스강 모래의 숫자만큼 몸을 바쳐 보시하고, 낮에도 갠지스강 모래의 숫자만큼 몸을 바쳐 보시하고, 저녁에도 또한 갠지스강의 모래 수만큼의 숫자로 몸을 바쳐 보시를 하는데, 이렇게 하여 한량없는 백천만억 겁의 세월 동안 몸으로 보시하더라도, 만약 또 어떤 사람이 있어서, 이 금강경 법문을 듣고, 믿는 마음으로 거역하지만 않는다면, 그 복덕이 몸을 바쳐 보시하는 것보다 훨

何況書寫受持讀誦爲人解說
하 황 서 사 수 지 독 송 위 인 해 설

須菩提以要言之是經有不可
수 보 리 이 요 언 지 시 경 유 불 가

思議不可稱量無邊功德如來
사 의 불 가 칭 량 무 변 공 덕 여 래

爲發大乘者說爲發最上乘者
위 발 대 승 자 설 위 발 최 상 승 자

說若有人能受持讀誦廣爲人
설 약 유 인 능 수 지 독 송 광 위 인

說如來悉知是人悉見是人皆
설 여 래 실 지 시 인 실 견 시 인 개

得成就不可量不可稱無有邊
득 성 취 불 가 량 불 가 칭 무 유 변

不可思議功德
불 가 사 의 공 덕

씬 수승하거늘, 하물며 경전 내용을 사경 하고, 받아 지녀 읽고 외우며, 다른 사람을 위해 설명해 주는 것들에 있어서랴? 수보리야, 중요한 것을 말하건대 이 경에는 생각할 수도 없고, 그 양을 말로 할 수도 없는, 끝이 없는 공덕이 있느니라. 여래께서는 대승의 마음을 낸 이를 위하여 이 경을 설하셨으며, 가장 높은 마음을 낸 이를 위하여 이 경을 설하셨느니라.

만약에 어떤 사람이 있어, 이 경전을 받아 지녀 읽고 외우며, 여러 사람들에게 말하여 주면, 여래께서 이 사람들을 다 아시고, 이 사람들을 다 보셔서, 모두가 한량없고 일컬을 수도 없으며 끝도 없는, 가히 생각할 수 없는 공덕을 성

如是人等卽爲荷擔如來阿耨
여시인등즉위하담여래아뇩
多羅三藐三菩提何以故須菩
다라삼먁삼보리하이고수보
提若樂小法者着我見人見衆
리약요소법자착아견인견중
生見壽者見卽於此經不能聽
생견수자견즉어차경불능청
受讀誦爲人解說須菩提在在
수독송위인해설수보리재재
處處若有此經一切世間天人
처처약유차경일체세간천인
阿修羅所應供養當知此處卽
아수라소응공양당지차처즉
爲是塔皆應恭敬作禮圍繞以
위시탑개응공경작례위요이
諸華香而散其處
제화향이산기처

취케 하시느니라. 이와 같은 사람들은 곧 여래의 아뇩다라삼먁삼보리, 즉 부처님 세계 건설을 책임질 것이니라. 왜냐하면 수보리야, 소승법을 즐기는 자는 아상·인상·중생상·수자상의 소견에 집착하므로, 이 경을 알아들을 수도 없고, 받아 지녀 읽고 외울 수도 없으며, 다른 사람을 위해 설명하여 줄 수도 없기 때문이니라.

수보리야, 어디든지 이 경이 있으면 온 세계의 하늘사람·인간·아수라들이 응당 공양을 올리리니, 마땅히 알아라. 이곳은 부처님의 탑과 같으므로, 모두가 응당 공경스럽게 예를 올리며, 주위를 돌면서 온갖 꽃과 향을 그곳에 뿌리리라."

능정업장분 제 십육
能淨業障分 第十六

復次須菩提善男子善女人受
부차수보리선남자선여인수

持讀誦此經若爲人輕賤是人
지독송차경약위인경천시인

先世罪業應墮惡道以今世人
선세죄업응타악도이금세인

輕賤故先世罪業卽爲消滅當
경천고선세죄업즉위소멸당

得阿耨多羅三藐三菩提須菩
득아뇩다라삼먁삼보리수보

提我念過去無量阿僧祇劫於
제아념과거무량아승지겁어

燃燈佛前得値八百四千萬億
연등불전득치팔백사천만억

那由他諸佛悉皆供養承事無
나유타제불실개공양승사무

空過者若復有人於後末世能
공과자약부유인어후말세능

"또한 수보리야, 선남자 선여인이 이 금강경을 받아 지니며 읽고 외우는데도 만약 남에게 업신여김을 당한다면, 이 사람은 전생에 지은 죄업으로 마땅히 악도에 떨어져야 하지만, 금생의 사람들이 업신여김으로써 전생의 죄업이 모두 소멸되고 마땅히 아뇩다라삼먁삼보리를 얻을 것이니라. 수보리야, 내가 과거 한량없는 아승지 겁을 생각해 보니, 연등 부처님을 뵙기 전에 팔백사천만 억 나유타의 여러 부처님을 만나 모두 다 공양 올리고 받들어 섬겼으며, 헛되이 지냄이 없었느니라.

만약에 또 어떤 사람이 있어, 이 다음 말법 세상에서 능히

受持讀誦此經所得功德於我
수지독송차경소득공덕어아
所供養諸佛功德百分不及一
소공양제불공덕백분불급일
千萬億分乃至算數譬喩所不
천만억분내지산수비유소불
能及須菩提若善男子善女人
능급수보리약선남자선여인
於後末世有受持讀誦此經所
어후말세유수지독송차경소
得功德我若具說者或有人聞
득공덕아약구설자혹유인문
心卽狂亂狐疑不信須菩提當
심즉광난호의불신수보리당
知是經義不可思議果報亦不
지시경의불가사의과보역불
可思議
가사의

이 경을 받아 지니며 읽고 외우면, 그 얻는 공덕은 내가 여러 부처님께 공양한 공덕으로는 백 분의 일, 백천만억 분의 일에도 미치지 못할 뿐만 아니라, 헤아림이나 비유로는 능히 미치지 못하느니라.

수보리야, 만약 선남자 선여인이 이 다음 말법 세상에서 이 경을 받아 지니며 읽고 외워서 얻는 공덕을 내가 다 갖추어 말한다면, 혹 어떤 사람은 마음이 몹시 산란하여 의심하고 믿지 아니하리라. 수보리야, 마땅히 알아라. 이 경은 뜻도 가히 생각할 수 없고, 과보도 또한 가히 생각할 수 없느니라."

究竟無我分 第十七

爾時須菩提白佛言世尊善男
이시수보리백불언세존선남

子善女人發阿耨多羅三藐三
자선여인발아뇩다라삼먁삼

菩提心云何應住云何降伏其
보리심운하응주운하항복기

心佛告須菩提若善男子善女
심불고수보리약선남자선여

人發阿耨多羅三藐三菩提心
인발아뇩다라삼먁삼보리심

者當生如是心我應滅度一切
자당생여시심아응멸도일체

衆生滅度一切衆生已而無有
중생멸도일체중생이이무유

一衆生實滅度者何以故須菩
일중생실멸도자하이고수보

提若菩薩有我相人相衆生相
리약보살유아상인상중생상

구경무아분 제 십칠

그때 수보리가 부처님께 사뢰었습니다.

"세존이시여, 선남자 선여인이 아뇩다라삼먁삼보리심을 내고는 어떻게 머물러야 하며, 어떻게 그 마음을 항복 받아야겠습니까?"

부처님께서 수보리에게 이르시었습니다.

"만약에 선남자 선여인이 아뇩다라삼먁삼보리심을 내었거든, 마땅히 이러한 마음, 즉 '내가 응당 일체중생을 멸도하리라'라는 마음을 낼지니라. '일체중생을 멸도한다'라고는 하지만 실지로는 한 중생도 멸도될 이가 없느니라. 왜냐하면 수보리야, 만약에 보살이 아상·인상·중생

壽者相卽非菩薩所以者何須
수자상즉비보살소이자하수

菩提實無有法發阿耨多羅三
보리실무유법발아뇩다라삼

藐三菩提心者須菩提於意云
먁삼보리심자수보리어의운

何如來於燃燈佛所有法得阿
하여래어연등불소유법득아

耨多羅三藐三菩提不不也世
뇩다라삼먁삼보리부불야세

尊如我解佛所說義佛於燃燈
존여아해불소설의불어연등

佛所無有法得阿耨多羅三藐
불소무유법득아뇩다라삼먁

三菩提佛言如是如是
삼보리불언여시여시

상·수자상이 있으면 보살이 아니기 때문이니라. 어떤 연유인고 하면 수보리야, 실지로 법이 있어서 아뇩다라삼먁삼보리심을 발한 것이 아닌 까닭이니라. 수보리야, 어떻게 생각하느냐? 여래께서 연등불 처소에서 법이 있어 아뇩다라삼먁삼보리를 얻으셨느냐?"

"아닙니다, 세존이시여. 제가 부처님께서 설하신 말씀의 뜻을 이해하기로는, 부처님께서는 연등불 처소에서 법이 있어 아뇩다라삼먁삼보리를 얻으신 것이 아닙니다."

부처님께서 말씀하셨습니다.

"그러하니라, 그러하니라. 수보리야, 실지로 법이 있어서 여래께서 아뇩다라삼먁삼보리를 얻으신 것이 아니니라.

須菩提實無有法如來得阿耨
수보리실무유법여래득아뇩
多羅三藐三菩提須菩提若有
다라삼먁삼보리수보리약유
法如來得阿耨多羅三藐三菩
법여래득아뇩다라삼먁삼보
提者燃燈佛卽不與我授記汝
리자연등불즉불여아수기여
於來世當得作佛號釋迦牟尼
어내세당득작불호석가모니
以實無有法得阿耨多羅三藐
이실무유법득아뇩다라삼먁
三菩提是故燃燈佛與我授記
삼보리시고연등불여아수기
作是言汝於來世當得作佛號
작시언여어내세당득작불호
釋迦牟尼何以故如來者卽諸
석가모니하이고여래자즉제
法如義若有人言如來得阿耨
법여의약유인언여래득아뇩
多羅三藐三菩提
다라삼먁삼보리

수보리야, 만일 '법이 있어서 여래께서 아뇩다라삼먁삼보리를 얻으셨다'라고 한다면, 연등 부처님께서 곧 나에게 수기를 주시면서, '너는 내세에 마땅히 부처를 이루리니, 호를 석가모니라 하리라'라고 하시지 않았으려니와, 실지로 법이 있어서 아뇩다라삼먁삼보리를 얻은 것이 아니니라. 그러한 까닭으로 연등 부처님께서 나에게 수기를 주시면서 말씀하시되, '너는 내세에 마땅히 부처를 이루리니, 호를 석가모니라 하리라'라고 하셨느니라.

왜냐하면 '여래'라 함은, 곧 '모든 법에 여여하다'라는 뜻이기 때문이니라. 만약에 어떤 사람이 있어, '여래께서 아뇩다라삼먁삼보리를 얻으셨다'라고 말하더라도, 수보리

須菩提實無有法佛得阿耨多
수보리실무유법불득아뇩다

羅三藐三菩提須菩提如來所
라삼먁삼보리수보리여래소

得阿耨多羅三藐三菩提於是
득아뇩다라삼먁삼보리어시

中無實無虛是故如來說一切
중무실무허시고여래설일체

法皆是佛法須菩提所言一切
법개시불법수보리소언일체

法者卽非一切法是故名一切
법자즉비일체법시고명일체

法須菩提譬如人身長大須菩
법수보리비여인신장대수보

提言世尊
리언세존

야 실지로 법이 있어 부처님께서 아뇩다라삼먁삼보리를 얻으신 것이 아니니라.

수보리야, 여래께서 얻으신 바 아뇩다라삼먁삼보리 가운데는 실다움도 없고 헛됨도 없느니라. 그러한 까닭으로 여래께서 설하시되, '일체 모든 법이 다 부처님 법'이라고 하셨느니라. 수보리야, 말한 바 '일체 모든 법'이란, 곧 일체 모든 법이 아니니라. 그러한 까닭에 이름을 '일체 모든 법'이라 하느니라. 수보리야, 비유하건대 '사람의 몸이 크다'라고 하는 것과 같은 것이니라."

수보리가 말씀드렸습니다.

"세존이시여, 여래께서 설하신, '사람의 몸이 크다'라는

如來說人身長大卽爲非大身
여래설인신장대즉위비대신

是名大身須菩提菩薩亦如是
시명대신수보리보살역여시

若作是言我當滅度無量衆生
약작시언아당멸도무량중생

卽不名菩薩何以故須菩提實
즉불명보살하이고수보리실

無有法名爲菩薩是故佛說一
무유법명위보살시고불설일

切法無我無人無衆生無壽者
체법무아무인무중생무수자

須菩提若菩薩作是言我當莊
수보리약보살작시언아당장

嚴佛土是不名菩薩何以故如
엄불토시불명보살하이고여

來說莊嚴佛土者卽非莊嚴
래설장엄불토자즉비장엄

것은 곧 큰 몸이 아니라 그 이름이 '큰 몸'인 것입니다."

"수보리야, '보살'도 또한 이와 같아서, 만약에 이런 말을 하되, '내가 마땅히 한량없는 중생을 멸도하리라'라고 한다면, '보살'이라 이름할 수 없느니라. 왜냐하면 수보리야, 실지로 '보살'이라고 이름할 것이 없기 때문이니라. 그러한 까닭으로 부처님께서 설하시되, '일체 모든 법이란 아도 없고, 인도 없고, 중생도 없으며, 수자도 없다'라고 하셨느니라. 수보리야, 만약에 어떤 보살이 이런 말을 하되, '내가 마땅히 불국토를 장엄하리라'라고 한다면, 이는 '보살'이라 이름할 수 없느니라. 왜냐하면 여래께서 설하신 '불국토를 장엄한다'라는 것은 곧 장엄이 아니라 그

是名莊嚴須菩提若菩薩通達
시명장엄수보리약보살통달
無我法者如來說名眞是菩薩
무아법자여래설명진시보살

一體同觀分 第十八

須菩提於意云何如來有肉眼
수보리어의운하여래유육안
不如是世尊如來有肉眼須菩
부여시세존여래유육안수보
提於意云何如來有天眼不如
리어의운하여래유천안부여
是世尊
시세존

이름이 '장엄'이기 때문이니라. 수보리야, 만일 보살이 '무아의 법을 통달한 자'이면, 여래께서는 이를 '참다운 보살'이라 이름하시느니라."

일체동관분 제 십팔

"수보리야, 어떻게 생각하느냐?
여래께서는 육안이 있으시냐?"
"그러하옵니다, 세존이시여.
여래께서는 육안이 있으십니다."
"수보리야, 어떻게 생각하느냐?
여래께서는 천안이 있으시냐?"
"그러하옵니다, 세존이시여.

如來有天眼須菩提於意云何
여래유천안수보리어의운하

如來有慧眼不如是世尊如來
여래유혜안부여시세존여래

有慧眼須菩提於意云何如來
유혜안수보리어의운하여래

有法眼不如是世尊如來有法
유법안부여시세존여래유법

眼須菩提於意云何如來有佛
안수보리어의운하여래유불

眼不
안부

여래께서는 천안이 있습니다."

"수보리야, 어떻게 생각하느냐?

여래께서는 혜안이 있으시냐?"

"그러하옵니다, 세존이시여.

여래께서는 혜안이 있으십니다."

"수보리야, 어떻게 생각하느냐?

여래께서는 법안이 있으시냐?"

"그러하옵니다, 세존이시여.

여래께서는 법안이 있으십니다."

"수보리야, 어떻게 생각하느냐?

여래께서는 불안이 있으시냐?"

如是世尊如來有佛眼須菩提
여시세존여래유불안수보리
於意云何如恒河中所有沙佛
어의운하여항하중소유사불
說是沙不如是世尊如來說是
설시사부여시세존여래설시
沙須菩提於意云何如一恒河
사수보리어의운하여일항하
中所有沙有如是沙等恒河是
중소유사유여시사등항하시
諸恒河所有沙數佛世界如是
제항하소유사수불세계여시
寧爲多不
영위다부

"그러하옵니다, 세존이시여. 여래께서는 불안이 있으십니다."

"수보리야, 어떻게 생각하느냐? '저 갠지스강 가운데 있는 모래와 같이'라고 하면서, 내가 '모래'를 말한 적이 있느냐?"

"그러하옵니다, 세존이시여. 모래를 말씀한 적이 있으십니다."

"수보리야, 어떻게 생각하느냐? 저 한 갠지스강에 있는 모래의 숫자와 같이 그렇게 많은 수의 갠지스강이 있고, 그 모든 갠지스강에 있는 바 그 모래의 숫자만큼 부처님 세계가 있다면, 그 수가 많지 않겠느냐?"

甚多世尊佛告須菩提爾所國
심다세존불고수보리이소국

土中所有衆生若干種心如來
토중소유중생약간종심여래

悉知何以故如來說諸心皆爲
실지하이고여래설제심개위

非心是名爲心所以者何須菩
비심시명위심소이자하수보

提過去心不可得現在心不可
리과거심불가득현재심불가

得未來心不可得
득미래심불가득

法界通化分 第十九

須菩提於意云何若有人滿三
수보리어의운하약유인만삼

千大千世界七寶以用布施
천대천세계칠보이용보시

"대단히 많겠습니다, 세존이시여."

부처님께서 수보리에게 이르시었습니다.

"저 국토 가운데 있는 중생의 가지가지 종류의 마음을 여래께서는 다 아시느니라. 왜냐하면 여래께서 설하신, 모든 '마음'은 모두 마음이 아니라 그 이름이 '마음'이기 때문이니라. 어떤 연유인고 하면 수보리야, 과거의 마음도 얻을 수 없고, 현재의 마음도 얻을 수 없으며, 미래의 마음도 얻을 수 없는 까닭이니라."

법계통화분 제 십구

"수보리야, 어떻게 생각하느냐? 만약에 어떤 사람이 있어, 삼천대천세계에 칠보를 가득히 채워서 보시한다면,

是人以是因緣得福多不如是
시인이시인연득복다부여시

世尊此人以是因緣得福甚多
세존차인이시인연득복심다

須菩提若福德有實如來不說
수보리약복덕유실여래불설

得福德多以福德無故如來說
득복덕다이복덕무고여래설

得福德多
득복덕다

離色離相分 第二十

須菩提於意云何佛可以具足
수보리어의운하불가이구족

色身見不不也世尊如來不應
색신견부불야세존여래불응

以具足色身
이구족색신

이 사람은 이 인연으로 복을 많이 얻겠느냐?"

"그렇습니다, 세존이시여. 그 사람은 이 인연으로 복을 대단히 많이 얻겠습니다."

"수보리야, 만약 복덕이 실다움이 있을진댄 여래께서 '복덕을 얻음이 많다'라고 말씀하지 않으시련만, 복덕이 없는 까닭에 여래께서는 '복덕을 얻음이 많다'라고 말씀하시느니라."

이색이상분 제 이십

"수보리야, 어떻게 생각하느냐? 부처님을 구족한 색신으로써 볼 수 있겠느냐?"

"볼 수 없습니다, 세존이시여. 여래를 구족한 색신으로써

見何以故如來說具足色身卽
견하이고여래설구족색신즉

非具足色身是名具足色身須
비구족색신시명구족색신수

菩提於意云何如來可以具足
보리어의운하여래가이구족

諸相見不不也世尊如來不應
제상견부불야세존여래불응

以具足諸相見何以故如來說
이구족제상견하이고여래설

諸相具足卽非具足是名諸相
제상구족즉비구족시명제상

具足
구족

非說所說分 第二十一

須菩提汝勿謂如來作是念我
수보리여물위여래작시념아

當有所說法
당유소설법

볼 수 없습니다. 왜냐하면 여래께서 설하신 '구족한 색신'은 곧 구족한 색신이 아니라 그 이름이 '구족한 색신'이기 때문입니다."

"수보리야, 어떻게 생각하느냐? 여래를 모든 상이 구족한 것으로써 볼 수 있겠느냐?"

"볼 수 없습니다, 세존이시여. 여래를 '모든 상이 구족한 것'으로써 볼 수 없습니다. 왜냐하면 여래께서 설하신 '모든 상의 구족함'은 곧 구족이 아니라 그 이름이 '모든 상의 구족함'이기 때문입니다."

비설소설분 제 이십일

"수보리야, 너는 여래께서 이런 생각, 즉 '내가 마땅히 설

莫作是念何以故若人言如來
막작시념하이고약인언여래

有所說法卽爲謗佛不能解我
유소설법즉위방불불능해아

所說故須菩提說法者無法可
소설고수보리설법자무법가

說是名說法爾時慧命須菩提
설시명설법이시혜명수보리

白佛言世尊頗有衆生於未來
백불언세존파유중생어미래

世聞說是法生信心不佛言
세문설시법생신심부불언

한 바 법이 있다'라는 생각을 하신다고 말하지 말라. 이러한 생각을 짓지 말지니, 왜냐하면 만약에 어떤 사람이 '여래께서 설하신 바 법이 있다'라고 말한다면, 이는 곧 부처님을 비방하는 것이 되기 때문이니라. 능히 내가 설한 바를 이해하지 못한 까닭이니라. 수보리야, 설법이라는 것은 '법을 가히 설할 것이 없음'을 이름하여 '설법'이라 하느니라."

그때 혜명 수보리가 부처님께 말씀드렸습니다.

"세존이시여, 자못 어떤 중생이 미래세에 이 법 설하시는 것을 듣고, 믿는 마음을 내겠습니까?"

부처님께서 말씀하셨습니다.

須菩提彼非衆生非不衆生何
수보리피비중생비불중생하

以故須菩提衆生衆生者如來
이고수보리중생중생자여래

說非衆生是名衆生
설비중생시명중생

無法可得分 第二十二

須菩提白佛言世尊佛得阿耨
수보리백불언세존불득아뇩

多羅三藐三菩提爲無所得耶
다라삼먁삼보리위무소득야

佛言如是如是須菩提我於阿
불언여시여시수보리아어아

耨多羅三藐三菩提乃至無有
뇩다라삼먁삼보리내지무유

少法可得
소법가득

"수보리야, 저들은 '중생'이 아니며 '중생 아님'도 아니니라. 왜냐하면 수보리야, 중생을 '중생'이라 한 것은 여래께서 설하시되, 중생이 아니라 그 이름이 '중생'이라 하셨기 때문이니라."

무법가득분 제 이십이

수보리가 부처님께 사뢰었습니다.

"세존이시여, 부처님께서 아뇩다라삼먁삼보리를 얻으신 것은 '얻은 바 없음'이 됩니다."

부처님께서 말씀하셨습니다.

"그러하니라, 그러하니라. 수보리야, 내가 아뇩다라삼먁삼보리 내지는 작은 법이라도 가히 얻음이 없으므로, 이

是名阿耨多羅三藐三菩提
시명아뇩다라삼막삼보리

淨心行善分 第二十三

復次須菩提是法平等無有高
부차수보리시법평등무유고
下是名阿耨多羅三藐三菩提
하시명아뇩다라삼막삼보리
以無我無人無衆生無壽者修
이무아무인무중생무수자수
一切善法卽得阿耨多羅三藐
일체선법즉득아뇩다라삼막
三菩提須菩提所言善法者如
삼보리수보리소언선법자여
來說卽非善法是名善法
래설즉비선법시명선법

福智無比分 第二十四

須菩提若三千大千世界中所
수보리약삼천대천세계중소
有諸須彌山王如是等七寶聚
유제수미산왕여시등칠보취
有人持用布施
유인지용보시

를 '아뇩다라삼막삼보리'라 이름하는 것이니라."

정심행선분 제 이십삼

"또한 수보리야, 이 법은 평등하여 높고 낮음이 없으므로 '아뇩다라삼막삼보리'라 이름하느니라. 아도 없고 인도 없고 중생도 없고 수자도 없이 모든 착한 법, 즉 일체 선법을 닦으면, 곧 아뇩다라삼막삼보리를 얻느니라. 수보리야, 말한 바 '선법'이라는 것은 여래께서 설하시되, 곧 선법이 아니라 그 이름이 '선법'이라 하셨느니라."

복지무비분 제 이십사

"수보리야, 만약에 삼천대천세계 가운데 있는 모든 수미산왕 만큼의 칠보 무더기들을 누군가가 가져다 보시하더

若人以此般若波羅蜜經乃至
약인이차반야바라밀경내지

四句偈等受持讀誦爲他人說
사구게등수지독송위타인설

於前福德百分不及一百千萬
어전복덕백분불급일백천만

億分乃至算數譬喩所不能及
억분내지산수비유소불능급

化無所化分 第二十五

須菩提於意云何汝等勿謂如
수보리어의운하여등물위여

來作是念我當度衆生須菩提
래작시념아당도중생수보리

莫作是念何以故實無有衆生
막작시념하이고실무유중생

如來度者若有衆生
여래도자약유중생

라도, 만약 어떤 사람이 이 반야바라밀경 내지는 네 구절의 게송 등을 받아 지니며, 읽고 외워서 다른 사람을 위해 말해주는 것에 비하면, 그 복덕은 백 분의 일, 백천만억 분의 일에도 미치지 못할 뿐만 아니라, 헤아림이나 비유로는 능히 미치지 못하느니라."

화무소화분 제 이십오

"수보리야, 어떻게 생각하느냐? 너희들은 여래께서 이런 생각, 즉 '내가 마땅히 중생을 제도한다'라는 생각을 하신다고 말하지 말라. 수보리야, 이러한 생각은 짓지 말지니, 왜냐하면 실지로는 여래께서 제도할 중생이 없기 때문이니라. 만약에 여래께서 '제도할 중생이 있다'라고 하신다

如來度者如來卽有我人衆生
여래도자여래즉유아인중생

壽者須菩提如來說有我者卽
수자수보리여래설유아자즉

非有我而凡夫之人以爲有我
비유아이범부지인이위유아

須菩提凡夫者如來說卽非凡
수보리범부자여래설즉비범

夫是名凡夫
부시명범부

法身非相分 第二十六

須菩提於意云何可以三十二
수보리어의운하가이삼십이

相觀如來不須菩提言如是如
상관여래부수보리언여시여

是以三十二相觀如來佛言
시이삼십이상관여래불언

면, 여래는 곧 '아와 인과 중생과 수자가 있는 것'이 되느니라. 수보리야, 여래께서 설하신, '아가 있다'라고 하는 것은 곧 아가 있음이 아니거늘, 범부들이 '아가 있다'라고 여기는 것이니라. 수보리야, '범부'라는 것도 여래께서 설하시되, 곧 범부가 아니라 그 이름이 '범부'라 하셨느니라."

법신비상분 제 이십육

"수보리야, 어떻게 생각하느냐? 32상으로써 여래를 볼 수 있겠느냐?"

수보리가 말씀드렸습니다.

"예, 그렇습니다. 32상으로써 여래를 볼 수 있습니다."

부처님께서 말씀하셨습니다.

須菩提若以三十二相觀如來
수보리약이삼십이상관여래

者轉輪聖王卽是如來須菩提
자전륜성왕즉시여래수보리

白佛言世尊如我解佛所說義
백불언세존여아해불소설의

不應以三十二相觀如來爾時
불응이삼십이상관여래이시

世尊而說偈言若以色見我以
세존이설게언약이색견아이

音聲求我是人行邪道不能見
음성구아시인행사도불능견

如來
여래

無斷無滅分 第二十七

須菩提汝若作是念如來不以
수보리여약작시념여래불이

具足相故得阿耨多羅三藐三
구족상고득아뇩다라삼먁삼

菩提
보리

"수보리야, 만일 '32상으로 여래를 본다'라고 하면, 전륜성왕도 곧 여래이리라."

수보리가 부처님께 사뢰었습니다.

"세존이시여, 제가 부처님께서 설하신 말씀의 뜻을 이해하기로는 응당 32상으로써 여래를 볼 수 없습니다."

그때 세존께서 게송으로 말씀하셨습니다.

"만약 형색으로써 나를 보거나 소리로써 나를 구하면, 그 사람은 삿된 도를 행함이니, 능히 여래를 보지 못하리라."

무단무멸분 제 이십칠

"수보리야, 네가 만일 이런 생각을 하되, '여래께서는 구족한 상을 쓰시지 않은 까닭으로 아뇩다라삼먁삼보리를

須菩提莫作是念如來不以具
수보리막작시념여래불이구

足相故得阿耨多羅三藐三菩
족상고득아뇩다라삼먁삼보

提須菩提汝若作是念發阿耨
리수보리여약작시념발아뇩

多羅三藐三菩提心者說諸法
다라삼먁삼보리심자설제법

斷滅莫作是念何以故發阿耨
단멸막작시념하이고발아뇩

多羅三藐三菩提心者於法不
다라삼먁삼보리심자어법불

說斷滅相
설단멸상

不受不貪分 第二十八

須菩提若菩薩以滿恒河沙等
수보리약보살이만항하사등

世界七寶持用布施若復有人
세계칠보지용보시약부유인

知一切法無我得成於忍
지일체법무아득성어인

'얻으셨다'라고 한다면, 수보리야 '여래께서는 구족한 상을 쓰시지 않은 까닭으로 아뇩다라삼먁삼보리를 얻으셨다'라는 생각을 짓지 마라. 수보리야, 네가 만일 이런 생각을 하되, '아뇩다라삼먁삼보리심을 발한 사람은 모든 법이 단멸했다고 말한다'라고 한다면, 이런 생각도 짓지 말지니, 왜냐하면 아뇩다라삼먁삼보리심을 발한 사람은 법에 있어서 단멸상을 말하지 않기 때문이니라."

불수불탐분 제 이십팔

"수보리야, 만약에 보살이 갠지스강 모래 수만큼의 세계에 칠보를 가득히 채워서 보시에 쓴다고 하더라도, 만일 어떤 사람이 있어, '일체법이 아가 없음'을 알아서, 지혜

此菩薩勝前菩薩所得功德何
차보살승전보살소득공덕하

以故須菩提以諸菩薩不受福
이고수보리이제보살불수복

德故須菩提白佛言世尊云何
덕고수보리백불언세존운하

菩薩不受福德須菩提菩薩所
보살불수복덕수보리보살소

作福德不應貪着是故說不受
작복덕불응탐착시고설불수

福德
복덕

威儀寂靜分 第二十九

須菩提若有人言如來若來若
수보리약유인언여래약래약

去若坐若臥是人不解我所說
거약좌약와시인불해아소설

義
의

를 얻어 이루면, 이 보살은 앞의 보살이 얻은 바 공덕보다 수승하리라. 왜냐하면 수보리야, 이 모든 보살은 복덕을 받지 않는 까닭이니라."

수보리가 부처님께 사뢰었습니다.

"세존이시여, 어찌하여 보살이 복덕을 받지 않습니까?"

"수보리야, 보살은 지은 바 복덕에 탐착하지 않느니라. 그러한 까닭으로 '복덕을 받지 않는다'라고 하느니라."

위의적정분 제 이십구

"수보리야, 만약에 어떤 사람이 있어서, '여래께서는 오시기도 하고, 가시기도 하며, 앉으시기도 하고, 누우시기도 한다'라고 말한다면, 이 사람은 내가 설한 바 뜻을 이해하

何以故如來者無所從來亦無
하 이고 여래자 무소종래 역무

所去故名如來
소거고명여래

一合理相分 第三十

須菩提若善男子善女人以三
수보리약선남자선여인이삼

千大千世界碎爲微塵於意云
천대천세계쇄위미진어의운

何是微塵衆寧爲多不須菩提
하시미진중영위다부수보리

言甚多世尊何以故若是微塵
언심다세존하이고약시미진

衆實有者佛卽不說是微塵衆
중실유자불즉불설시미진중

지 못함이니라. 왜냐하면 여래란 어디로부터 온 바도 없으며 또한 가는 바도 없는 까닭에 '여래'라 이름하기 때문이니라."

일합이상분 제 삼십

"수보리야, 만약에 선남자 선여인이 삼천대천세계를 부수어서 작은 먼지로 만든다면, 어떻게 생각하느냐? 그 수가 많지 않겠느냐?"

수보리가 대답하였습니다.

"대단히 많겠습니다, 세존이시여. 왜냐하면 만일 이 작은 먼지들이 실지로 있는 것이라면, 부처님께서 곧 '작은 먼지들'이라고 말씀하지 않으셨을 것이기 때문입니다. 어

所以者何佛說微塵衆卽非微
소이자하불설미진중즉비미

塵衆是名微塵衆世尊如來所
진중시명미진중세존여래소

說三千大千世界卽非世界是
설삼천대천세계즉비세계시

名世界何以故若世界實有者
명세계하이고약세계실유자

卽是一合相如來說一合相卽
즉시일합상여래설일합상즉

非一合相是名一合相須菩提
비일합상시명일합상수보리

一合相者卽是不可說但凡夫
일합상자즉시불가설단범부

之人貪着其事
지인탐착기사

知見不生分 第三十一

須菩提若人言佛說
수보리약인언불설

떤 연유인고 하면, 부처님께서 설하신 '작은 먼지들'은 곧 작은 먼지들이 아니라 그 이름이 '작은 먼지들'인 까닭입니다. 세존이시여, 여래께서 설하신 바 '삼천대천세계'는 곧 세계가 아니라 그 이름이 '세계'입니다. 왜냐하면 만약에 세계가 실지로 있는 것이라면 곧 한 덩어리의 모양으로 된 것이려니와, 여래께서 설하신 '한 덩어리'는 한 덩어리가 아니라 그 이름이 '한 덩어리'이기 때문입니다."

"수보리야, '한 덩어리의 모양'이란 곧 말할 수 없거늘, 다만 범부들이 그것을 탐내고 집착하느니라."

지견불생분 제 삼십일

"수보리야, 만약에 어떤 사람이 말하기를 '부처님께서 아

我見人見眾生見壽者見須菩
아견인견중생견수자견수보
提於意云何是人解我所說義
리어의운하시인해아소설의
不不也世尊是人不解如來所
부불야세존시인불해여래소
說義何以故世尊說我見人見
설의하이고세존설아견인견
眾生見壽者見卽非我見人見
중생견수자견즉비아견인견
眾生見壽者見是名我見人見
중생견수자견시명아견인견
眾生見壽者見須菩提發阿耨
중생견수자견수보리발아뇩
多羅三藐三菩提心者於一切
다라삼먁삼보리심자어일체
法應如是知如是見如是信解
법응여시지여시견여시신해
不生法相
불생법상

견·인견·중생견·수자견을 설하셨다'라고 한다면, 어떻게 생각하느냐? 이 사람은 내가 설한 바 뜻을 이해하고 있는 것이냐?"

"아닙니다, 세존이시여. 그 사람은 여래께서 말씀하신 뜻을 이해하지 못한 것입니다. 왜냐하면 세존께서 설하신 '아견·인견·중생견·수자견'은 곧 아견·인견·중생견·수자견이 아니라 그 이름이 '아견·인견·중생견·수자견'이기 때문입니다."

"수보리야, 아뇩다라삼먁삼보리심을 발한 사람은 모든 법에 대하여 마땅히 이와 같이 알고, 이와 같이 보며, 이와 같이 믿고 이해하여, '법'이라는 상을 내지 말아야 하느니

須菩提所言法相者如來說卽
수보리소언법상자여래설즉

非法相是名法相
비법상시명법상

應化非眞分 第三十二

須菩提若有人以滿無量阿僧
수보리약유인이만무량아승

祇世界七寶持用布施若有善
지세계칠보지용보시약유선

男子善女人發菩薩心者持於
남자선여인발보리심자지어

此經乃至四句偈等受持讀誦
차경내지사구게등수지독송

爲人演說其福勝彼云何爲人
위인연설기복승피운하위인

演說不取於相如如不動
연설불취어상여여부동

라. 수보리야, 말한 바 '법상'이란 여래께서 설하시되, 곧 법상이 아니라 그 이름이 '법상'이라 하셨느니라."

응화비진분 제 삼십이

"수보리야, 만약에 어떤 사람이 있어, 한량없는 아승지 세계에 칠보를 가득히 채워서 보시에 쓴다고 할지라도, 만일 어떤 선남자 선여인이 보살심을 발한 자가 있어서, 이 금강경을 지니거나, 혹은 네 구절의 게송 등이라도 받아지니며 읽고 외워서, 다른 사람을 위해 널리 말해주면, 그 복덕이 먼저보다 수승하리라. 다른 사람을 위해 널리 말해 줄 때는 어떻게 해야 할 것인가? 상에 집착하지 말고, 한결같이 하며, 흔들림 없이 하라.

何以故
하이고

一切有爲法　如夢幻泡影
일체유위법　여몽환포영

如露亦如電　應作如是觀
여로역여전　응작여시관

佛說是經已長老須菩提及諸
불설시경이장로수보리급제

比丘比丘尼優婆塞優婆夷一
비구비구니우바새우바이일

切世間天人阿修羅聞佛所說
체세간천인아수라문불소설

皆大歡喜信受奉行
개대환희신수봉행

왜냐하면, 일체의 '중생심이 쓰는 유위법'은 꿈과 같고, 허깨비와 같고, 물거품과 같고, 그림자와 같고, 이슬과 같고, 번개와 같기 때문이니, 마땅히 이와 같이 보아라."

부처님께서 이 금강경 설하심을 모두 마치시니, 장로인 수보리와 모든 비구·비구니와 우바새·우바이와 일체 세간의 하늘사람·인간·아수라 등이 석가모니 부처님의 법문을 듣고, 모두 다 크게 환희하며, 믿고 받아 지녀, 받들어 행하였습니다.

새로운 금강경 사경 노트(뜻풀이)

2022년 02월 10일 초판1쇄 인쇄
2024년 11월 10일 재판1쇄 발행
—
편저자	無一 우학 큰스님
펴낸곳	도서출판 좋은인연(한국불교대학 부속출판사)
	편집 / 김현미
	교정 / 이원정(세지)
	등록 / 제4-88호
	주소 / 대구 남구 중앙대로 126
	전화 / 053-475-3707
	한국불교대학 홈페이지 / **한국불교대학**
	한국불교대학 다음카페 / **불교인드라망**
	유튜브 / **유튜브불교대학**
	유튜브 / **비유대 불교TV**
	유튜브 / **K-BuddhaVillage(부처님마을)**
	유튜브 / **AI-붓다**
ISBN	979-11-92276-04-5 (03220)
	정가 7,000원